REVISION DU CODE

PROPOSITIONS & EXPOSÉ DES MOTIFS

PAR LA

COMMISSION GÉNÉRALE

DES ARCHITECTES

SOCIÉTÉ CENTRALE, SOCIÉTÉ NATIONALE, ASSOCIATION PROVINCIALE

SOCIÉTÉS DU HAVRE, DU NORD, DE L'ANJOU, DE LA TOURAINE

UNION SYNDICALE

DIPLOMÉS DE L'ÉCOLE SPÉCIALE D'ARCHITECTURE

JANVIER-MAI 1906

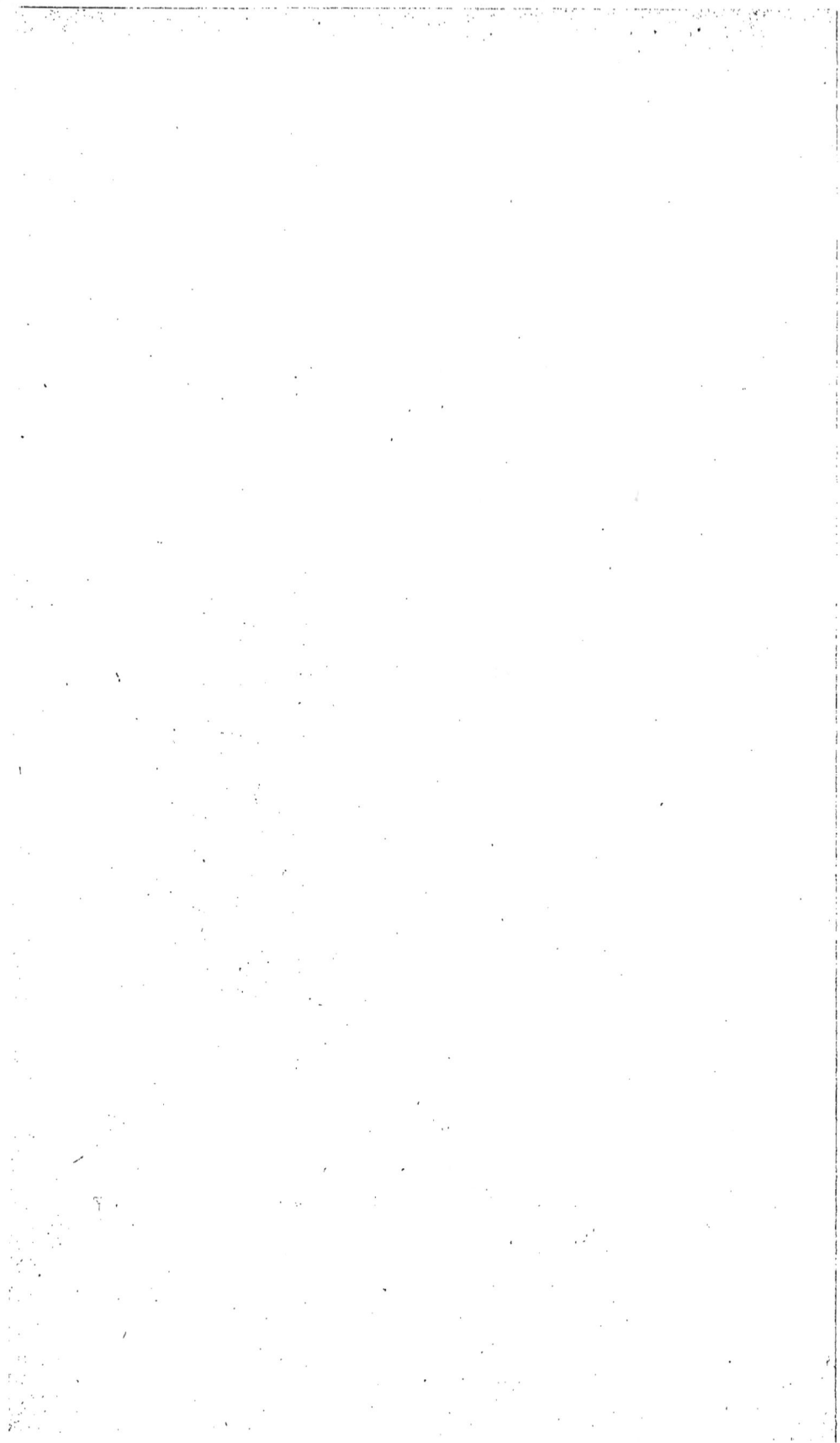

REVISION DU CODE CIVIL

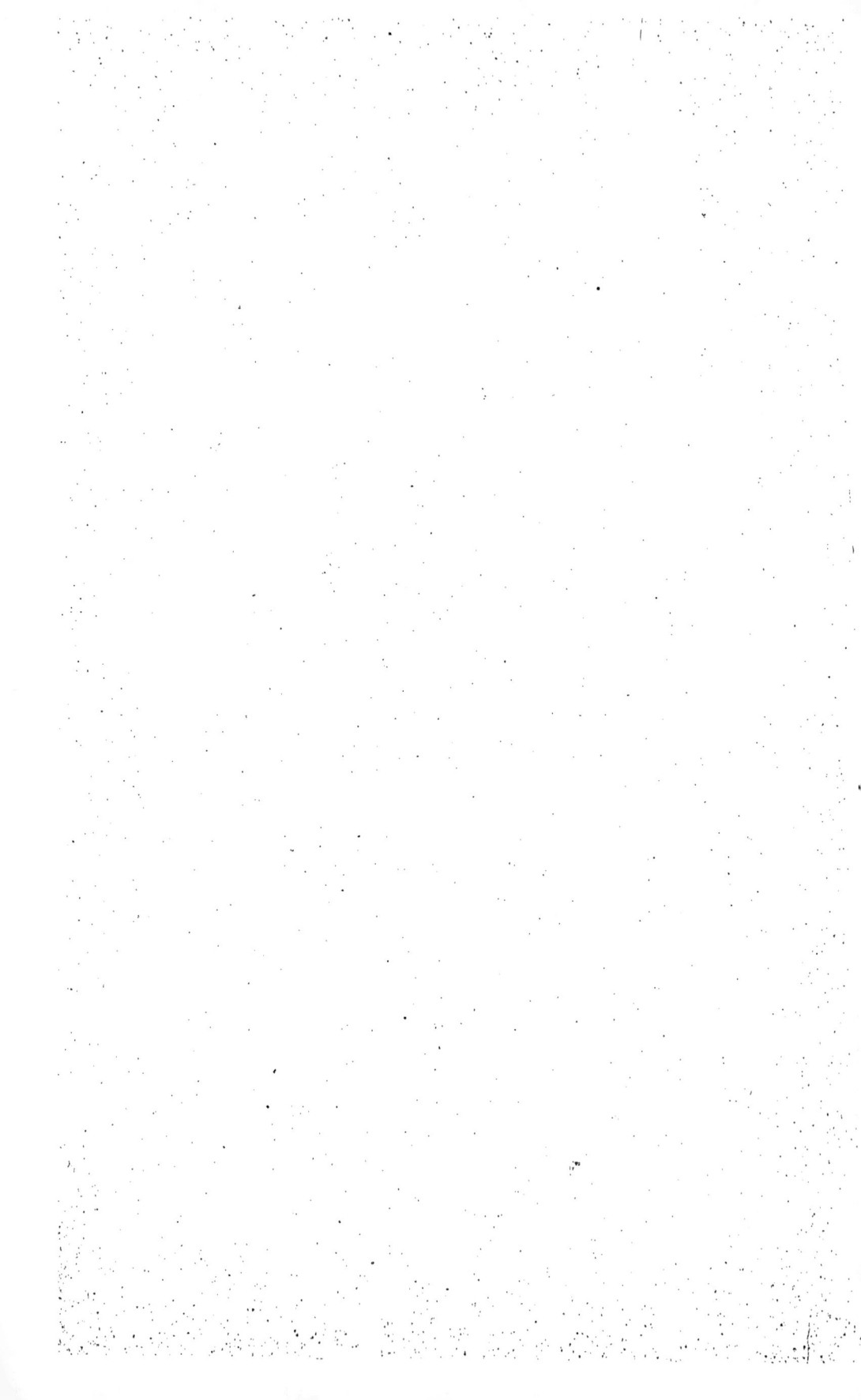

REVISION DU CODE CIVIL

PROPOSITIONS & EXPOSÉ DES MOTIFS

PAR LA

COMMISSION GÉNÉRALE

DES ARCHITECTES

SOCIÉTÉ CENTRALE, SOCIÉTÉ NATIONALE, ASSOCIATION PROVINCIALE

SOCIÉTÉS DU HAVRE, DU NORD, DE L'ANJOU, DE LA TOURAINE

UNION SYNDICALE

DIPLOMÉS DE L'ÉCOLE SPÉCIALE D'ARCHITECTURE

JANVIER-MAI 1906

CHAPITRE PREMIER

EXPOSÉ DES MOTIFS

Dans sa séance du 24 juin 1905 à l'Hémicycle des Beaux-Arts, le 33ᵉ Congrès des architectes français avait sur la proposition de l'un de ses membres, M. Gouault, adopté la décision ci-après transcrite:

Considérant qu'il y a un intérêt majeur à ce que les revendications des architectes et les modifications qu'ils pourront désirer insérer au Code civil soient condensées dans un texte unique, et conçues dans un même ordre d'idées;

Considérant, d'autre part, qu'il est urgent que ce texte et ces idées soient présentés utilement à la Commission extraparlementaire, et défendus devant elle par les moyens les plus efficaces;

Le Congrès des architectes français :

1° Invite les divers groupes des architectes à s'entendre pour déléguer quelques-uns de leurs membres, auxquels ils donneront la mission de préparer en commun un projet unique condensant les diverses observations que les architectes peuvent être appelés à présenter sur les matières du Code civil qu'ils ont ordinairement à traiter ou qui regardent leur profession.

2° Invite le président du Congrès à prévenir sans retard M. le ministre de la justice de la décision prise par le Congrès sous le numéro 1° et à le prier :

a) De bien vouloir préciser l'époque à laquelle le travail des délégués des architectes devra être remis à la Commission extraparlementaire;

b) De bien vouloir admettre un ou plusieurs membres ci-dessus délégués à présenter et défendre devant ladite Commission les propositions qui auront été arrêtées, soit au titre de défenseurs des textes, soit même comme membres annexés à la Commission, pour délibérer sur les matières qui auront été traitées au projet rédigé par les délégués des Architectes.

3° Charge le président et le Bureau du Congrès, d'assurer dans le plus bref délai possible, l'exécution du précédent vœu.

En conformité de la décision prise, le bureau du Congrès fit appel aux divers groupes des architectes, et, dès le 22 janvier 1906, M. Nénot, membre de l'Institut, président du 33° Congrès, réunit à Paris, à l'Hôtel des Sociétés savantes, 8, rue Danton, les architectes dont les noms suivent :

MM. Lucien Étienne et Gustave Olive, délégués par la Société centrale des architectes français ;

MM. Fernoux et Vautrin, délégués par la Société nationale des architectes de France ;

MM. L. Lefort et A. Gouault, délégués par l'Association provinciale des architectes français, fédération des Sociétés d'architectes des départements (65 départements), et par la Société du Havre ;

M. Batteur, délégué par la Société du Nord, et par celles de l'Anjou et de la Touraine ;

M. Henri Limal, délégué par l'Union syndicale des architectes français ;

MM. Chastel et Guët, délégués par la Société des diplômés de l'École spéciale d'architecture.

Après leur avoir souhaité la bienvenue, M. Nénot déclara constituée la Commission, qui prit le nom de *Commission générale des architectes.*

M. Lucien Étienne, délégué de la Société centrale, fut nommé président, et M. G. Olive, secrétaire principal de la même Société, secrétaire de la Commission.

Il y a lieu de constater que la Société des architectes diplômés par le Gouvernement ne s'est pas fait représenter à la conférence. C'est qu'en effet, au moment même où le 33° Congrès prenait la décision ci-dessus rapportée, M. Julien Guadet, l'un des membres de la Société des diplômés, inspecteur général des bâtiments civils, présentait à M. le ministre des beaux-arts pour être transmis à M. le ministre de la Justice, au nom du Conseil général des bâtiments civils, un projet de revision des articles du Code civil concernant les matières que les architectes ont le plus ordinairement à traiter ou qui regardent leur profession. La Société des diplômés, qui avait donné au travail de M. Guadet son adhésion la plus complète, ne pensa pas pouvoir envoyer à la conférence des délégués ayant pour mission d'apporter quelques modifications à une rédaction qu'elle considérait comme définitive. La Société des diplômés crut donc devoir se tenir dans l'expectative, et réserver son approbation ou ses critiques, jusqu'au moment où elle connaîtrait le travail définitif de la Commission générale.

Les projets de révision qui ont été soumis à la conférence sont par ordre de date :

Association provinciale des architectes français : mars 1905;

Société des architectes du Nord : 12 mai 1905 ;

Conseil général de bâtiments civils : 6 juillet 1905 ;

Société nationale, Union syndicale, Société des diplômés de l'École d'architecture, 28 novembre 1905.

La Société centrale avait commencé l'élaboration d'un projet de revision, mais elle n'a pas publié ses essais. Elle a, sans doute, pensé que le *Manuel des lois des bâtiments* publié sous ses auspices, suffirait à préciser ses critiques et ses vœux. M. Guadet, co-rédacteur de la dernière édition du *Manuel*, s'en est évidemment inspiré devant le Conseil général des bâtiments civils.

Il y a lieu, d'autre part, de constater que M. Guadet avait puisé largement dans les travaux des autres groupes dont il avait reçu la communication. Voici en quels termes il le déclare aux pages 5 et 6 de son rapport au Conseil des bâtiments civils :

« En même temps, et pour réunir le plus grand nombre d'avis autorisés, M. le sous-secrétaire d'Etat avait informé les diverses Sociétés d'architectes français de la mise à l'étude par lui de cette question qui les intéresse au premier chef, les invitant à lui faire parvenir leurs observations et propositions. Ces travaux très précieux ont été au fur et à mesure de leur réception communiqués au Conseil général des bâtiments civils, qui les a étudiés et leur a fait divers emprunts, en constatant d'ailleurs que, sauf quelques différences de forme et de rédaction, et sauf aussi quelques détails en somme peu importants, ces études s'inspirent des mêmes principes et consacrent les mêmes résultats d'expérience que lui-même avait déjà formulés. Si bien qu'il est permis de dire que les conclusions qu'il va présenter ci-après ne sont pas seulement les siennes, mais sont l'expression des idées communes de l'ensemble des architectes français. »

La dernière conclusion de M. le rapporteur du Conseil général des bâtiments civils semble trop générale.

Il ne paraît pas que M. Guadet ait eu entre les mains d'autres travaux émanant des architectes, que le *Manuel* de la Société centrale, le projet de revision préparé par l'Association provinciale, et quelques notes rédigées par la Commission du *Manuel*. Il ne semble pas qu'il ait connu le projet de la Société du Nord (mai 1905), et il est évident qu'il n'a pas eu les projets postérieurs au 5 juillet 1905.

Il n'en est pas moins vrai que, soit en raison de l'autorité qui s'attache à tout document émanant du Conseil général des bâtiments civils et à la compétence certaine du rédacteur, soit en raison de l'importance des groupes dont le Conseil avait examiné puis adopté les propositions, le rapport de M. Guadet présente dans la question pendante, une valeur considérable.

Le rapport du Conseil général des bâtiments civils devait donc servir et a, en effet, servi de base et de point de départ aux travaux de la Conférence.

Les nouveaux textes proposés par la Commission générale diffèrent cependant d'une manière appréciable du texte admis par le Conseil des bâtiments civils. En voici la raison. Le Conseil a cru devoir, d'une manière générale, procéder par voie de modification au texte du Code de 1804 dont il a tenu pour ainsi dire à conserver le moule ancien. Or, dans les deux questions les plus importantes qui ont été examinées par les architectes, le « mur mitoyen » et les « devis et marchés », la Commission générale a acquis la conviction que la conservation partielle de l'ancien texte apportait un obstacle sérieux à la précision des règles à définir. Aussi s'est-elle prononcée nettement pour la transformation radicale de certains articles et pour la modification de leur ordonnance.

En ce qui concerne le « mur mitoyen », le défaut d'ordre et de méthode et l'incohérence des articles du code de 1804 sont passés en proverbe. Le « mur mitoyen » constitue par excellence le thème aux propositions les plus controversées. Il est le grand fournisseur du prétoire de la justice.

La Commission a donc pensé que le seul moyen de rétablir l'ordre et la méthode était de fournir un texte nouveau.

En ce qui concerne les « devis et marchés », tout le monde sait que s'il y a controverse sur la question de savoir, si l'architecte moderne y est visé, — on admet, tout au plus, qu'il y figure comme un personnage accessoire, une sorte de dédoublement de l'entrepreneur des constructions. L'ingénieur civil, qui joue un si grand rôle dans la société moderne, était inconnu il y a un siècle. Il n'est pas nommé au Code de 1804. Il en est de même du locateur d'art ou de science, ou de toute personne qui exerce une profession libérale.

Aucun article du Code n'a précisé les règles des contrats de louage qui lient l'employeur à l'architecte ou au locateur d'art. La jurisprudence a tenté de lire, dans les marges du Code, ces règles absentes. Ses essais ont duré plus d'un siècle ; ils ont été désastreux pour la profession de l'architecte. Tantôt le juge tient l'architecte comme responsable de l'œuvre qu'il dirige, mais dont il ne fournit ni la main-d'œuvre ni la matière, que par suite *il ne construit pas*, au même titre que l'entrepreneur *qui la construit*. Tantôt il le considère comme un mandataire chargé d'un mandat-procuration. Tantôt enfin il rejette l'architecte hors de tout contrat, hors de toute convention, et il lui applique les règles du quasi-délit. La dernière jurisprudence de la Cour de Cassation (16 mai 1904), applique à l'architecte à la fois les règles du contrat d'entreprise, celles du louage d'ouvrage, et celles du quasi-délit.

Le Conseil général des bâtiments civils s'est rendu compte (p. 69) qu'il y aurait lieu d'entrevoir le louage des hommes d'art ou de science, et de le rattacher au louage d'ouvrage. Mais il a hésité à proposer la création d'une section spéciale à ce genre de louage.

La Commission générale des architectes a franchi l'obstacle devant lequel le Conseil des bâtiments civils s'était arrêté. Elle propose sur ce point une transformation importante des articles du Code de 1804.

L'ordre des travaux de la Commission générale a été réglé comme suit.

Après avoir, en plusieurs séances de réunion plénière (26 janvier 1906 et jours suivants), discuté et arrêté les bases du projet de revision, elle a confié à une sous-commission composée de MM. G. Olive, H. Limal, Batteur et Gouault, l'étude et la rédaction des articles.

Le projet préparé par la sous-commission sur les propositions conformes de M. Gouault, comme rapporteur, a été ensuite examiné en séances plénières, revu, amendé, et complètement arrêté ainsi que l'Exposé des motifs, par la Commission générale des architectes, lors de sa dernière réunion du 26 mai 1906.

Le rapporteur a été chargé de la mise au point définitive.

Ces faits et principes exposés, nous abordons les commentaires spéciaux à chacun des chapitres qui font l'objet du projet de revision proposé par la Commission générale.

LIVRE II

TITRE II. — De la propriété.

Servitude d'alignement

Les modifications proposées par le Conseil des bâtiments civils et par la Commission générale des architectes ont pour but de faire reconnaître par le législateur l'inexistence de certaines servitudes que les administrations imposent à la propriété territoriale au moyen de *Règlements*.

C'est la « servitude d'alignement » qui est spécialement visée, la servitude d'alignement, cette « expropriation à long terme » dans laquelle, contrairement à toute constitution, à tout droit, l'expropriant refuse à l'exproprié une *indemnité juste et préalable*.

Le Conseil général des bâtiments civils a fait de ces errements une critique logiquement déduite. Mais le remède qu'il propose paraît insuffisant et inefficace.

« Les errements suivis en pareille matière, écrit M. le rapporteur à la page 8, n'ont semble-t-il rien de légal, tandis qu'ils sont en contradiction manifeste avec le texte de l'article 545. »

Non seulement les errements reprochés à l'administration n'ont rien de légal, mais ils sont en opposition expresse avec la loi.

Le seul texte légal sur lequel certaines administrations s'appuient pour affirmer la servitude, est l'article 29 de la loi des 17-22 juillet 1791, qui a « confirmé provisoirement les règlements touchant la voirie ». Mais cette loi est encadrée par plusieurs textes qui contredisent à l'interprétation proposée. *Avant* la loi, c'est l'article 17 de la Déclaration des droits, c'est l'article 1er de la loi des 5-12 juin 1791. *Après* la loi, c'est l'article 1er de la loi des 28 septembre-6 octobre 1791. Ces trois textes affirment que la propriété territoriale n'est soumise à *aucuns sacrifices* autres que ceux *que peut exiger le bien général, sous la condition d'une juste et préalable indemnité*.

Pour remédier à cette situation, le Conseil des bâtiments civils propose d'ajouter à l'article 545 un texte autorisant le propriétaire frappé par un arrêté d'alignement à requérir *l'expropriation totale*.

La Commission ne comprend pas comment le droit prétendu nouveau, reconnu au propriétaire d'un immeuble rescindable, lequel droit est en réalité, l'application pure et simple de l'article 50 de la loi du 3 mai 1841, — autoriserait ce propriétaire à exécuter au mur de face les travaux confortatifs que le voyer interdit en invoquant des règlements anticonstitutionnels, donc illégalement faits.

La Commission générale, tout en donnant son adhésion la plus complète à l'exposé des motifs présenté par M. le rapporteur (pages 8, 9 et 10), repousse l'addition à l'article 545 du Code proposée par le Conseil des bâtiments civils, c'est-à-dire l'affirmation du droit à l'expropriation totale.

Elle propose : 1° de répéter dans l'article 544 la disposition incluse aux lois précitées de juin et septembre 1791 qui proclament la liberté de la propriété territoriale; 2° de refuser à tout autre qu'au législateur seul, le droit d'imposer des servitudes à la propriété. Il faut une disposition expresse de la loi ou des règlements qui dérivent légalement de la loi.

LIVRE II

TITRE III. — De l'usufruit, de l'usage et de l'habitation.

La Commission des architectectes pense qu'il ne lui appartient pas de traiter la matière importante de l'usufruit.

Elle croit cependant devoir appeler l'attention du législateur sur l'usufruit des *usines* et *établissements industriels*, qui n'a pas été envisagé par le législateur de 1804.

En outre, elle propose, d'accord avec le Conseil général des bâtiments civils, une définition plus générale des « grosses réparations », tant au point de vue de l'usufruit que du contrat de louage.

LIIVRE II

TITRE IV

CHAPITRE II. — Servitudes établies par la loi.

L'article 650 qui concerne les « Servitudes établies pour l'utilité publique et communale », a attiré l'attention de la Commission des architectes.

En raison des objets multiples que cet article peut viser, et qui ne sont pas de sa compétence, la Commission ne croit pas devoir proposer une rédaction ferme.

Elle se borne à appeler l'attention du législateur sur les *mesures d'hygiène* pour les bâtiments servant à l'habitation, à l'agriculture et à l'*industrie*, qui semblent constituer des servitudes de la nature considérée.

Conséquente avec le principe qu'elle a exposé au sujet de l'article 544, elle insiste pour que le dernier paragraphe de l'article 650 soit rédigé comme suit :

« **Tout ce qui concerne cette espèce de servitude est déterminé par des lois, ou résulte de règlements légalement faits.** »

La Commission pense également que l'article 646 relatif au bornage doit être complété. Elle propose que la rédaction nouvelle, consacrant l'équité, mette les frais des opérations à la charge des propriétaires, en tenant compte de leurs intérêts respectifs.

LIVRE II

TITRE IV. — **Des servitudes ou services fonciers.**

CHAPITRE II. — *Des servitudes établies par la loi.*

SECTION 1. — *Articles 663 à 665 concernant le mur mitoyen
et les immeubles possédés en commun.*

La Commission générale des architectes a déjà constaté au Code
de 1804 le défaut d'ordre dans la présentation des articles 653
à 663 : elle insiste pour qu'il y soit remédié. Les articles qu'elle propose traitent successivement dans un ordre logique : la genèse du
mur mitoyen : définition, obligations concernant la clôture, pré-
somptions de mitoyenneté ; — les circonstances qui accompa-
gnent son existence : entretien, reconstruction, emploi, modification, exhaussement, servitudes ; — les circonstances qui font
cesser la mitoyenneté, le droit d'abandon.

Sur tous ces points, sauf rédaction, la Commission des architectes
est d'accord avec le Conseil général des bâtiments civils. Elle con-
state cependant que le principe admis par le Conseil que « tout
mur séparatif susceptible de devenir mitoyen est régi par toutes les
prescriptions applicables au mur mitoyen » comporte des exceptions
indispensables ; — qu'il est également des circonstances ou momen-
tanément le mur mitoyen ou celui qui est susceptible de le devenir,
ne peuvent pas être exclusivement en « maçonnerie pleine ». Ces
exceptions ont été précisées dans le texte de la Commission.

La faculté que possède tout co-propriétaire d'un mur mitoyen de
délaisser son droit de co-propriété est soumise à deux conditions
restrictives. Il faut tout d'abord que la co-propriété ne constitue pas
une *obligation* pour le délaissant. Une autre condition est que le
délaissement ne puisse avoir lieu au profit du délaissant et aux tort
et préjudice du voisin.

C'est qu'en effet le revenu produit pour une chose possédée en
commun se compose de deux éléments : 1° l'intérêt du capital
de construction ; 2° l'amortissement de ce capital, c'est-à-dire les
frais de réparation et au besoin de reconstruction du mur.

Ce serait une injustice de permettre à l'un des communistes de se retirer de la communauté, en conservant les sommes qu'il a reçues (ou qu'il n'a pas dépensées), en vue de l'amortissement de la propriété commune. Les architectes sont tous d'accord, aussi bien ceux du Conseil général des bâtiments civils que ceux des autres groupes, pour reconnaître que la liquidation de la communauté mitoyenne ne peut avoir lieu avant que les amortissements perçus par les communistes pendant la jouissance commune aient reçu leur emploi. Le texte de l'article 11 proposé par la Commission générale est sensiblement le même que celui du Conseil des bâtiments civils.

La Commission générale appelle l'attention du législateur sur deux points importants et nouveaux. Les questions relatives au mur mitoyen exigent une solution rapide. La procédure ordinaire devant le tribunal, même en matière sommaire, l'expertise à trois experts, constituent un mode d'instruction trop long qui n'est pas en rapport avec l'urgence des solutions à intervenir. Depuis longtemps le tribunal de la Seine a admis l'application à ces questions de la procédure du *référé*, et de *l'expertise à un seul expert*. Les tribunaux de province s'y refusent, estimant l'errement contraire à la loi. La Commission propose d'y pourvoir par un article qui donnera force légale à la jurisprudence du tribunal de la Seine.

Enfin, en matière de construction, il y a lieu de tenir compte des usages locaux qui dérivent le plus souvent des matériaux et de la nature du sol spéciaux à la région. Les usages locaux, à la condition d'être régulièrement codifiés, doivent être considérés comme des annexes aux Codes.

M. Duchâtel, l'un des ministres de l'intérieur les plus illustres de la monarchie de juillet, sur le vœu qui lui en avait été transmis par plusieurs conseils généraux, avait invité les préfets à demander aux conseils généraux de chaque département de procéder à la rédaction et à la codification des usages locaux.

Cette invitation n'eut pas le succès qu'elle méritait. Le ministre de l'agriculture la réitéra en 1850 et 1855 (instructions des 5 juillet 1850 et 15 février 1855), sans obtenir des résultats beaucoup plus décisifs.

La Commission générale des architectes estime qu'il y aurait lieu de reprendre le projet et d'inviter les Conseils généraux à recueillir les renseignements utiles techniques auprès des groupes régionaux d'architectes ou de propriétaires.

Le Code de 1804 subordonnait l'obligation de clôture à deux conditions: la nature du fonds et sa situation dans les agglomérations qui portent le nom de villes. Cette dernière condition a donné lieu à des difficultés d'application qui durent encore. La Commission propose de la supprimer et de subordonner l'obligation de clôture à la seule nature du fonds à enclore.

Article 664. — Maison dont les divers étages appartiennent à différents propriétaires.

Il y a lieu de constater qu'en dehors du mur mitoyen, et de la maison dont les divers étages sont possédés par divers, le Code de 1804 ne fournit aucune règle sur la propriété possédée par plusieurs communistes. La Commission générale des architectes propose au législateur de consacrer par une nouvelle rédaction de l'article 664, des règles générales qui comprendront comme cas particulier la solution du cas visé par le texte actuel.

SECTION II. — De la distance et des ouvrages intermédiaires requis pour certaines constructions.

La Commission générale des architectes propose pour l'article 674, une rédaction plus générale que le texte de 1804.

Lorsqu'un propriétaire fait sur son fonds une installation quelconque, les usages locaux et les règlements administratifs indiquent généralement la mesure convenable des précautions à prendre. Ils doivent donc tout d'abord être rigoureusement observés.

Mais ces prescriptions peuvent être insuffisantes. La règle absolue à laquelle le propriétaire est tenu de se conformer lorsqu'il fait une installation nouvelle, est qu'il ne doit causer à son voisin aucun préjudice.

SECTION III. — Des vues sur la propriété du voisin.

Le texte actuel des articles 676 et 677 engendre un abus auquel il paraît utile de mettre un terme. Le premier constructeur d'un mur séparatif y établit des jours qui servent à éclairer et ventiler des pièces ou dégagements des appartements que l'architecte y installe. Le second constructeur vient ensuite, qui exige le bouchement des jours. C'est un droit qu'il exerce aux dépens de l'hygiène de la construction voisine, au préjudice des locataires et du nouvel acquéreur si l'immeuble voisin a changé de mains.

Le texte proposé a pour but d'interdire, sauf accord avec le

voisin, le percement de tout jour dans le mur séparatif. Les archi
tectes seront ainsi tenus de chercher sur le terrain où ils bâtissent
les jours qui sont nécessaires pour éclairer et ventiler les appartements qu'ils y construisent.

La rédaction proposée pour les articles 678 à 680 par la Commission des architectes, ne diffère pas en principe de celle du Conseil
des bâtiments civils. Elle tend seulement à être plus nette et plus
précise.

LIVRE III

TITRE VIII. — **Du contrat de louage.**

CHAPITRE II. — *Louage des choses.*
Réparations locatives.

Il existe comme on sait deux doctrines à ce sujet. L'une néglige le principe posé par les articles 1730 et 1755, que les réparations locatives occasionnées par la vétusté ne sont jamais à la charge du locataire. Elle les lui impute toujours. Dans ce système, le coût des réparations locatives constitue à proprement parler, un véritable supplément de loyer qui, dans certaines circonstances, devient très onéreux.

L'autre doctrine admet que le payement du loyer donne au locataire le droit absolu de se servir *normalement* de la chose louée, comme le bailleur en eût usé lui-même, en bon père de famille.

Le Conseil des bâtiments civils et la Commission générale des architectes prennent nettement parti pour la seconde thèse vers laquelle tend la jurisprudence. Ils demandent au législateur de la consacrer par un texte précis, sur lequel ils sont d'accord, sauf des nuances.

CHAPITRE III. — *Louage d'ouvrage et d'industrie.*

La Commission générale des architectes est d'accord avec le Conseil général des bâtiments civils sur les principes dont il convient de demander la consécration au législateur.

L'architecte et l'ingénieur, les entrepreneurs contractent avec le maître de l'ouvrage, autrement dit le propriétaire qui fait construire, un *contrat de louage.* Ce contrat est soumis aux règles générales des contrats. Il n'y a pas contrat entre l'architecte où l'ingénieur, et les entrepreneurs.

L'architecte ou l'ingénieur sont responsables envers le maître de l'ouvrage, comme les entrepreneurs eux-mêmes, des conséquences de la manière dont ils ont exécuté le contrat qu'ils ont consenti. Ils sont responsables de leurs fautes, jusqu'à la réception par le maître sans solidarité avec qui que ce soit.

Or quelles sont les obligations contractuelles des uns et des autres?

L'architecte ou l'ingénieur fournit ses plans; il donne à la construction la *direction intellectuelle* qu'elle comporte; il reçoit les travaux et règle les mémoires.

L'entrepreneur, de son côté, fournit généralement la matière, et toujours la main d'œuvre. Il a exclusivement la *direction matérielle*

Tels sont les seules causes génératrices de la responsabilité spéciale à chacun.

Ni l'architecte, ni l'entrepreneur ne sont solidaires entre eux.

C'est l'application du grand principe de droit humain : « **Suum cuique.** »

C'est également l'application de ce principe évident que pour que deux débiteurs soient solidaires envers un créancier, il est indispensable qu'ils soient tenus envers lui tous deux à la même prestation. (Code civil, art. 1200.)

Or, l'architecte voit naître l'ouvrage; il assiste à son éclosion, à sa livraison, mais il ne le fournit pas.

L'entrepreneur, au contraire, fournit l'ouvrage.

Les deux prestations sont absolument différentes.

Le Conseil général des bâtiments civils ne s'est pas prononcé sur une question importante que la Commission générale des architectes a cru devoir aborder nettement. La responsabilité de l'architecte, de l'ingénieur, des entrepreneurs, envers le maître de l'ouvrage tout au moins son extension au laps de temps de dix années, n'est *pas d'ordre public*. Il importe peu à l'ordre public que les contractants du louage introduisent des modifications aux règles générales de leurs contrats, et conviennent, entre eux, qu'ils se sont remis, en certaines circonstances, des dettes qu'ils auraient pu contracter les uns envers les autres. Ce qui importe, c'est que la responsabilité *envers les tiers*, des *architectes*, ingénieurs, entrepreneurs, ne soit pas atteinte.

Depuis de longues années, les ingénieurs qui sont tantôt les architectes, tantôt les entrepreneurs de constructions mécaniques ou même d'édifices métalliques ou autres, ont introduit dans leurs marchés, des clauses qui fixent la durée de la responsabilité à un laps de temps moindre que dix ans, à une année par exemple; et limitent l'étendue de l'indemnité qu'ils encourent au seul remplacement de la matière employée pour la construction des pièces mécaniques.

ou de l'édifice. Ces clauses sont tenues pour valables par les tribunaux de commerce et par les cours d'appel.

Lorsque le gouvernement consent à prêter aux particuliers ou aux communes le concours de ses ingénieurs, il impose aux employeurs l'obligation expresse de renoncer à tout recours à raison des faits qui pourraient entraîner la responsabilité desdits ingénieurs. Cette clause a toujours été tenue valable par les tribunaux.

Il existe, enfin, une différence nettement accentuée entre le Conseil des bâtiments civils et la Commission générale des architectes sur l'application des articles 1382 et suivants concernant le *quasi-délit*, à la convention qui lie le maître de l'ouvrage soit avec l'architecte ou l'ingénieur, soit avec les entrepreneurs.

Le Conseil admet avec la Cour de Cassation que la responsabilité qui dérive du quasi-délit s'applique à divers contrats et notamment au contrat de louage conclu avec l'architecte et l'entrepreneur.

La Commission générale des architectes est convaincue que la proposition ainsi formulée est juridiquement inexacte.

Tout contrat nommé au Code ou même innomé, suit les règles formulées au titre III du troisième livre (articles 1101 à 1369) sous la rubrique : *Engagements qui se forment avec convention.*

Au contraire, les règles du *quasi-délit* (articles 1382 et suivants), font partie du titre IV, et sont placées sous la rubrique : *Engagements qui se forment sans convention.*

La Commission estime que les règles spéciales au titre IV ne doivent pas être indifféremment appliquées aux matières d'un autre titre et notamment aux matières du titre III [1].

En conséquence, pour éviter toute confusion dans l'avenir, la

---

1. Le législateur avait été très net sur cette question, au moins à l'exposé des motifs concernant le titre IV du livre III.

Dans la séance du 19 pluviôse an XII (9 février 1803), le tribun Tarrible, présentant au Corps législatif les règles des engagements sans convention, s'est exprimé comme suit :

« Le lien des conventions est dans la *foi des contractants...* Mais s'il n'y a *pas de convention*, il n'y a *pas de foi donnée*. Cependant, comme il peut y avoir des *engagements formés sans convention*, il faut rechercher la *cause étrangère* qui leur donne existence, soit pour en connaître la nature, soit pour en déterminer l'étendue. » Et le tribun Tarrible cite comme *causes étrangères* : les quasi-contrats, les délits et les quasi-délits. »

Il faut donc une *cause étrangère à la foi des conventions* pour permettre l'application des articles 1382 à 1386 relatifs aux quasi-délits. *Lorsqu'il y a foi donnée, la cause est dans la convention.*

Commission générale des architectes propose au législateur de compléter ainsi l'article 1370 du Code de 1804 :

« Les règles concernant les engagements sans convention ne s'appliquent pas, sauf dérogation expresse, aux engagements conven. tionnels, quant aux actes qui dérivent de ces contrats, ou qui s'y rattachent en application de l'article 1135 du Code civil. »

En raison des explications qui précèdent, et en donnant sous les réserves ci-dessus développées, leur adhésion la plus générale aux commentaires fournis par le rapporteur du Conseil général des bâtiments civils, les divers groupes des *architectes français* représentés par leurs délégués constitués en *Commission générale*, proposent pour les articles du Code de 1804, dont ils demandent la modification, les textes transcrits au chapitre deuxième.

CHAPITRE II

Textes proposés
par la Commission générale des Architectes

LIVRE II

TITRE II. — De la propriété.

544. — La propriété est le droit de jouir et de disposer des choses de la manière la plus absolue, pourvu qu'on n'en fasse pas un usage prohibé par les lois ou par les règlements légalements faits.

En principe, la propriété territoriale est libre de toutes servitudes envers la Nation.

Celles imposées à la propriété en vue de l'intérêt général, ne peuvent résulter que d'une disposition expresse de la loi.

545. — Nul ne peut être contraint de céder sa propriété, dans quelque mesure que ce soit, si ce n'est en vertu de la loi d'expropriation pour cause d'utilité publique, et moyennant une juste et préalable indemnité.

TITRE III. — De l'usufruit, de l'usage et de l'habitation.

CHAPITRE I

SECTION II. — Des obligations de l'usufruitier.

606. — Les grosses réparations sont celles des éléments constitutifs du gros-œuvre, et qui sont nécessaires pour assurer au bâtiment une solidité durable.

607. — Ni le propriétaire, ni l'usufruitier ne sont tenus de rebâtir ce qui est tombé de vétusté, ou ce qui a été détruit par un cas fortuit, sous les mêmes réserves qui ont été formulées à l'article 605.

TITRE IV. — Des servitudes ou services fonciers.

CHAPITRE II. — *Servitudes établies par la loi.*

646. — Tout propriétaire peut obliger son voisin au bornage de leurs propriétés contigües. Le bornage et les opérations indispensables au bornage se font à frais communs.

LE MUR MITOYEN (ARTICLES 663 A 665)

§ 1er. **Définitions. — Mode de construction.**

1° Le mur mitoyen est celui qui, séparant deux voisins, est leur propriété commune. Il est soumis à des règles particulières.

Tout mur susceptible de devenir mitoyen est soumis aux mêmes règles, sauf les exceptions ci-après.

2° Le mur mitoyen doit être édifié sans aucun vide ni évidement, suivant les dimensions et le mode de construction qui conviennent à la nature des matériaux employés.

Il doit être capable de rendre simultanément, aux deux communistes, le même service, tel qu'il peut être apprécié en raison des usages spéciaux à la région.

Il en est de même dans le cas d'exhaussement ou de reprise en sous-œuvre.

Tout mur devenu mitoyen en conséquence de la division d'un héritage, tout mur construit avant la promulgation des règles ci-dessus, qui sont édifiés en contradiction avec ces règles, y deviennent soumis en cas de reconstruction, sauf ce qui sera dit plus loin pour l'excédant d'épaisseur (art. 8°).

§ 2. **Obligation de clôture. — Obligation de céder la mitoyenneté.**

3° Chacun peut contraindre son voisin à livrer gratuitement le sol nécessaire à l'établissement du mur de clôture à cheval sur la ligne de partage des deux fonds.

Si les deux voisins sont obligés à la clôture, ils acquittent ensemble la dépense jusqu'à la hauteur de clôture.

Lorsqu'un seul des voisins est obligé à la clôture, il acquitte seul la dépense de construction.

4° Il y a obligation de clôture pour tous les fonds situés dans les villes et faubourgs et dans toutes régions désignées par le pouvoir compétent, lorsque ces fonds sont à usage de maisons, bâtiments industriels, cours et jardins.

Lorsque des fonds de cette nature appartiennent au Domaine public imprescriptible et inaliénable, le Domaine est obligé à la clôture, et il l'édifie sur son sol et à ses frais. Le voisin en use pour se clore, mais sans s'y adosser.

La hauteur de la clôture est fixée d'après les usages codifiés par le pouvoir compétent. A défaut, elle est de 32 décimètres chaperon compris, dans les agglomérations urbaines de 50 000 habitants et au dessus, et de 26 décimètres dans les autres, mesures prises par rapport au sol le plus élevé, considéré en chaque point du mur dans la distance perpendiculaire de 2 mètres.

5° Tout propriétaire joignant un mur qui n'appartient pas au Domaine public ci-dessus désigné, a la faculté de rendre ce mur mitoyen, en tout ou en partie, en payant au voisin la moitié de la valeur de la portion du mur à acquérir, de celle située verticalement au dessous, de la fondation nécessaire, et du sol qui lui sert de support s'il y a lieu, le tout estimé au moment de l'acquisition.

Tous les frais des comptes de mitoyenneté, y compris ceux de transcription, s'il y a lieu, sont acquittés par les acquéreurs, dans la proportion des sommes et valeurs mises à la charge de chacun d'eux.

Le prix de toute acquisition de mitoyenneté est dû, intérêts compris, à partir du moment où le voisin a commencé à en jouir.

§ 3. Présomptions de mitoyenneté. — Clôture. Traces anciennes

6° Tout mur servant de séparation entre les bâtiments des voisins, est mitoyen dans toute l'héberge commune.

Le mur est encore mitoyen hors l'héberge dans les parties où il sert d'appui aux échelles de ramonage, conduits de fumée ou autres du bâtiment le plus bas, y compris celles nécessaires aux scellements, liaisonnements et solins.

L'héberge est la partie du mur séparatif couverte et enveloppée par chaque bâtiment, ouvert ou non, considéré comme s'il était seul et clos de toutes parts.

Tout mur pignon d'un bâtiment placé à limite d'héritage est présumé mitoyen, dans les parties où il témoigne d'anciennes traces d'héberge commune.

A défaut de titre, la propriété du mur de clôture séparatif appartient au voisin dont le fonds est obligé à la clôture, et à tous deux s'ils y sont également obligés.

Si les voisins ne sont obligés ni l'un ni l'autre, le mur est présumé mitoyen, sauf le cas où il est à un seul égout, auquel cas il appartient au voisin tributaire de l'égout. Cette restriction cesse si les deux voisins ont fourni le sol.

§ 4. Entretien. — Reconstruction.

Usage du mur. — Modifications.

Exhaussement. — Conservation des servitudes.

7° La reconstruction et l'entretien du mur mitoyen sont à la charge de tous les communistes, proportionnellement au droit de chacun.

Si la différence de niveau entre les sols des voisins est le fait de l'un ou de tous deux, chacun est tenu de la dépense résultant de son fait ou de celui de son auteur, par rapport à ce qu'aurait coûté la construction ou l'entretien du mur sur le sol naturel.

8° Si le mur mitoyen n'est pas en état de suffire aux construction ou à l'exhaussement que l'un des voisins se propose d'élever, celui-ci doit le faire reconstruire à ses frais, compris toutes dépenses d'étayements et de raccords chez le voisin, et prendre s'il y a lieu, de son côté, l'excédant d'épaisseur.

Le second voisin continue à en jouir comme mitoyenneté, tant qu'il ne modifie pas la nature ou l'étendue de ses adossements. S'il opère cette modification, et si le mur ancien eût été incapable

de la subir, le second voisin est tenu d'acquitter, outre la mitoyenneté de l'exhaussement dont il a besoin, la moitié de la plus-value
en terrain et travaux, estimée au moment de la modification que
la reconstruction de la partie commune par le premier voisin a
donnée au mur.

En cas de reconstruction du mur par suite de vétusté ou de
perte d'aplomb, la ligne séparative des deux héritages est déter-
minée, sauf titre contraire, par le plan axial du mur, tel qu'il a
dû être établi par les premiers constructeurs.

9° Tout copropriétaire peut faire bâtir contre le mur mitoyen,
et y faire sceller, outre tous ouvrages légers, des poutres, solives d'enchevêtrure, pièces de combles en fer ou en bois, solives
de planchers en fer, mais seulement jusqu'à moitié de l'épaisseur
mitoyenne.

Celui qui veut apporter une modification quelconque à l'emploi
en cours du mur mitoyen, doit en prévenir le voisin, et à défaut
d'entente, en faire régler les conditions suivant le mode et la procédure indiqués ci-après.

Si l'un des voisins veut donner au mur un supplément d'épaisseur par rapport à celle qui correspond aux matériaux ordinairement employés, s'il désire adopter des matériaux plus coûteux,
il le peut à la condition de ne pas nuire à l'usage commun du
mur. Mais il paye seul l'excédant d'épaisseur et de prix. Il fournit
l'excédant du sol dont il reste propriétaire.

L'usage des parois du mur mitoyen appartient à chaque voisin,
de son côté exclusivement. Cependant, le voisin peut, sans être
obligé d'acquérir la mitoyenneté du mur séparatif, en revêtir la
paroi de son côté d'un enduit et d'une peinture unis. Mais s'il y
applique ou appuie un autre ouvrage ou objet quelconque, il
fait acte de propriétaire mitoyen, et il doit le prix de la mitoyenneté.

10° Tout copropriétaire peut faire exhausser ou reprendre en
sous-œuvre le mur mitoyen. Mais il doit payer seul la dépense
du travail, les réparations d'entretien en dehors de la partie
commune, et, en outre, une indemnité en raison de la diminu-
tion de valeur du murmitoyen résultant de la charge.

Le voisin qui n'a pas contribué à l'exhaussement ou à l'approfondissement, peut en acquérir la mitoyenneté, en remboursant la moitié de la dépense occasionnée par l'exhaussement, en ce compris l'excédant d'épaisseur d'usage, et l'indemnité de la charge. Après dix ans, le prix d'acquisition est limité à la valeur utile de l'exhaussement.

(On peut rappeler ici l'article 665 du Code civil, concernant la « conservation des servitudes ».)

665. — Lorsqu'on reconstruit un mur mitoyen ou une maison, les servitudes actives et passives se continuent à l'égard du nouveau mur ou de la nouvelle maison, sans toutefois qu'elles puissent être aggravées, et pourvu que la reconstruction se fasse avant que la prescription soit acquise.

§ 5. Cessation de la mitoyenneté. — Abandon.

11° Le copropriétaire d'un mur mitoyen peut se dispenser pour l'avenir, de contribuer aux réparations et reconstructions, en abandonnant son droit de mitoyenneté, construction et sol occupé par la fondation, sauf dans les parties de murs où le délaissant est obligé à la clôture, ou qui servent d'adossement à un bâtiment qui lui appartient.

Ce droit d'abandon ne peut être exercé avant qu'aient été exécutés à frais communs les travaux qui sont nécessaires pour mettre le mur en état de solidité durable.

§ 6. Juridiction. — Usages locaux.
Pouvoir compétent.

12° Avant de procéder à l'assiette et à la construction du mur séparatif, ou à toute autre modification de son emploi, à sa réparation, à sa reconstruction totale ou partielle; lorsqu'il y a lieu d'arrêter tous règlements et comptes de mitoyenneté, ou la solution de toutes questions de voisinage afférentes à la propriété, les voisins doivent, à défaut d'entente, y faire pourvoir, sur simple requête de l'un d'eux, par un expert désigné par le juge des référés, et, à défaut de tribunal dans le canton, désigné par le juge de paix de la situation des lieux.

3

La discussion de l'avis de l'expert est portée devant le tribunal civil de la situation.

L'expert doit prendre pour bases de son avis, les articles de loi sur la matière, complétés par les règles et usages en cours dans la région.

13°. — Les règles et usages locaux, et notamment ceux qui concernent l'obligation de clôture et la hauteur des murs, sont ceux qui sont actuellement constants et reconnus. Ils sont codifiés par les Conseils généraux, après consultation des associations locales compétentes. Ils sont susceptibles de revision.

IMMEUBLE POSSÉDÉ EN COMMUN

664. — Lorsque les différentes portions d'un immeuble appartenant à divers propriétaires ont des parties ou des services communs, si les conditions d'utilisation, d'entretien, de réparation et reconstruction ne sont pas déterminées par les titres de propriété, elles sont réglées comme suit :

1er. — Aucun communiste ne peut modifier l'usage ni les dispositions de sa portion d'immeuble, sans l'assentiment de tous les communistes, ou à défaut, sans s'y être fait autoriser par justice.

2e. — Chaque communiste conserve à sa charge, les dépenses d'entretien, réparation et reconstruction relatives à la portion de l'immeuble qui est à son usage ou intérêt particulier.

3e. — Tout ce qui est d'usage ou d'intérêt commun est à la charge de tous les copropriétaires, chacun en proportion de l'usage qu'il est présumé devoir en faire ou en avoir fait.

SECTION 11. — De la distance et des ouvrages intermédiaires requis pour certaines constructions.

674. — Nul ne peut, dans sa propriété faire un ouvrage ou une installation qui soit de nature à compromettre la solidité du mur séparatif, mitoyen ou non.

Celui qui veut installer dans son terrain tous établissements incommodes ou insalubres, ou tous ouvrages quelconques, est obligé de se conformer aux prescriptions des règlements et usages particuliers concernant les distances et travaux de protection présumés nécessaires, comme aussi de prendre toutes autres précautions utiles pour éviter de nuire au voisin.

TITRE IV. — Des servitudes ou services fonciers.

CHAPITRE II. — *Servitudes établies par la loi.*

SECTION III. — *Des vues sur la propriété de son voisin.*

675. — L'un des voisins ne peut, sans le consentement de l'autre, pratiquer dans le mur mitoyen, ou susceptible de le devenir, aucune fenêtre ou ouverture, en quelque manière que ce soit, même à verre dormant.

676. — Le propriétaire d'un mur ne joignant pas immédiatement l'héritage d'autrui, peut y pratiquer des jours dits de souffrance ou de tolérance, aux conditions ci-après.

Ces jours ne peuvent être établis à moins de 0 m. 60 de la ligne séparative, ni à moins de 2 m. 60 au-dessus du sol de la pièce à éclairer, lorsqu'elle est en rez-de-chaussée. Cette hauteur se réduit à 1 m. 90 aux étages supérieurs. Les mesures sont prises entre le seuil de la baie et la partie du sol la plus élevée dans la largeur de la fenêtre. Ces jours doivent être munis du côté du voisin d'une grille en fer ou de tout dispositif équivalent qui s'oppose efficacement à toute projection d'un héritage sur l'autre.

678. — On ne peut avoir de vues droites ou fenêtres d'aspect, ni balcons ou autres semblables saillies sur l'héritage clos ou non clos de son voisin, s'il n'y a 1 m. 90 de distance entre le mur où on les pratique et ledit héritage.

Toute vue prise d'un balcon ou de toute autre saillie est tenue pour droite dans toutes les directions.

La mesure du prospect se compte depuis le parement extérieur de l'ébrasement, du balcon ou de la saillie, jusqu'à la ligne de séparation des deux propriétés.

679. — Dans un mur perpendiculaire à la ligne de séparation de deux propriétés, on ne peut avoir de vues par côté ou obliques sur l'héritage voisin, s'il n'y a 0 m. 60 de distance entre la ligne de séparation et l'ébrasement de la baie qui en est le plus proche.

Si la ligne séparative est oblique, la vue doit satisfaire à deux conditions : minimum de 1 m. 90 en vue droite, et minimum de 0 m. 60 contre le parement du mur où l'ouverture se fait, les deux mesures étant prises à partir de l'ébrasement de la baie, dans sa partie la plus proche du voisin.

680. — Les vues définies par les articles 678 et 679, peuvent, lorsqu'elles ne sont pas conformes aux règles posées par ces articles, constituer des servitudes et sont susceptibles de prescription.

L'inobservation des règles relatives aux jours de souffrance, ne donne pas lieu à la prescription acquisitive, quelque longue que soit la possession contraire à la loi.

CHAPITRE III. — *Des servitudes établies par le fait de l'homme.*

689. — Les servitudes sont apparentes ou non apparentes.

Les servitudes apparentes sont celles qui s'annoncent par des ouvrages extérieurs, tels qu'une porte, une fenêtre, un aqueduc, facilement visibles du fonds assujetti ou de la voie publique.

Les servitudes non apparentes sont celles qui n'ont pas de signe extérieur de leur existence, comme la prohibition de bâtir sur un fonds ou de ne bâtir que suivant des conditions déterminées, ou dont les signes sont invisibles des fonds assujettis ou de la voie publique.

LIVRE III

TITRE VIII. — Du contrat de louage.

CHAPITRE I. — *Dispositions générales.*

1710. — Le louage d'ouvrage est un contrat par lequel le *loca-teur* s'engage envers le *maitre de l'ouvrage* à accomplir une prestation, moyennant un prix convenu ou d'usage.

1711. — Supprimé.

CHAPITRE II. — *Louage des choses..*

1724. — Si, durant le bail, la chose louée a besoin de réparations urgentes et qui ne puissent être différées jusqu'à sa fin, le preneur doit les souffrir, quelque incommodité qu'elles lui causent, et quoiqu'il soit privé pendant qu'elles se font d'une partie de la chose louée, pourvu qu'elles soient faites avec diligence.

Mais si ces réparations durent plus de 40 jours comptés consécutivement depuis le jour où elles ont été commencées jusqu'à celui où elles ont été achevées, le prix du bail sera diminué à proportion de la partie de la chose louée dont le locataire aura été privé, et de la durée totale du trouble apporté à sa jouissance.

Si les réparations sont de telle nature qu'elles rendent inhabitable ce qui est nécessaire au logement du preneur et de sa famille ou impossible l'exercice de son industrie, le preneur aura le droit de faire résilier le bail.

La réfection du mur mitoyen nécessitée par les convenances du voisin ne rentre pas dans la catégorie des réparations définies ci-dessus. Elle est régie par l'article 1726.

Réparations locatives

1730. — S'il a été fait un état des lieux entre le bailleur et le preneur, celui-ci doit rendre les lieux loués en bon état de réparations locatives conformément à cet état, excepté ce qui a péri ou a été dégradé par vétusté ou force majeure, et ce qui a subi les altérations inévitables résultant de l'usage normal des lieux loués.

1731. — S'il n'a pas été fait d'état des lieux, le preneur est présumé les avoir reçus en bon état de réparations locatives, sauf la preuve contraire.

SECTION II. — *Règles particulières aux baux à loyer.*

1754. — Les réparations locatives dont le locataire est tenu, s'il n'y a clause contraire, par les articles 1730 et 1731, sont celles

qui sont nécessitées par des dégradations imputables au locataire. Elles sont généralement déterminées par les usages des
lieux.

1755. — Aucune des réparations réputées locatives n'est à la
charge du locataire, quand elles sont occasionnées par l'usage
normal des lieux loués, la vétusté, la force majeure, le vice ou
l'insuffisance de la matière.

CHAPITRE III. — *Du louage d'ouvrage et d'industrie.*

1779. — Il y a quatre espèces principales de louage d'ouvrage qui ont leurs règles particulières :

1° Le louage des personnes qui engagent leur travail matériel ou intellectuel au service de quelqu'un, lequel en fait emploi à son gré. Il est dit *contrat de travail.*

2° Celui des voituriers tant par terre que par eau qui font le transport des personnes ou des marchandises. Il est dit *contrat de transport.*

3° Celui des personnes qui font œuvre de leur art ou de leur science. Il est dit *contrat d'œuvre d'art* ou *de science*;

4° Et celui des entrepreneurs d'ouvrages par suite de marché : il est dit *contrat d'entreprise.*

Dans le premier de ces louages, l'ouvrage se fait sous la responsabilité du maître; dans les trois autres, il se fait sous la responsabilité des locateurs.

SECTION III. — *Du contrat d'œuvre d'art ou de science*.

A — Celui qui accepte moyennant un prix convenu ou d'usage de faire œuvre en faveur d'autrui, de son art, ou de sa science est dit *locateur d'art* ou *de science*. La prestation à laquelle le locateur s'engage envers le *maître*, constitue l'*œuvre d'art* ou *de science*.

La fourniture de matière, s'il y a lieu, incombe en principe au locateur : elle est un accessoire du contrat.

Le contrat, sauf preuve contraire, est réputé complet. Il s'applique à tout ce qui a pu être prévu au moment où il a pris naissance.

B. — L'architecte et l'ingénieur sont locateurs d'art ou de science.

A défaut de convention, l'architecte ou l'ingénieur qui acceptent la direction intellectuelle d'un ouvrage, fournissent le projet, en dirigent et surveillent le développement normal, vérifient les dépenses dont ils proposent le règlement.

La surveillance due par l'architecte ou l'ingénieur ne saurait être continue : elle est de nature essentiellement intermittente.

Si l'architecte ou l'ingénieur participent à un marché d'entreprise, ils sont entrepreneurs et soumis aux règles de la section IV.

Le locateur qui ne fournit pas la matière ou qui assume la direction intellectuelle d'un ouvrage, n'est tenu que de sa faute.

C. — Lorsque le locateur fournit la matière, l'œuvre est à ses risques tant qu'elle n'a pas été livrée, à moins que le retard dans la livraison n'ait été le fait du maître.

Lorsque l'œuvre a été livrée ou que le maître est en demeure de la recevoir, ou lorsque le prix a été payé, tout lien de droit cesse entre les contractants, sauf les exceptions ci-après.

La provision du prix n'est pas à ce point de vue considérée comme un payement.

D. — S'il s'agit de tout ou partie d'une construction, l'architecte ou l'ingénieur est, en outre, responsable pendant dix ans de la direction intellectuelle qu'il a donnée au développement de l'ouvrage, également des infractions commises par l'entrepreneur et qu'il a connues, s'il en résulte, pendant ce délai, le dépérissement du gros-œuvre ; le tout, sauf conventions contraires.

L'architecte ou l'ingénieur ne peut être tenu qu'en raison et en proportion de sa faute, sans solidarité avec quiconque.

La preuve incombe au maître.

E. — Le maître qui, sans motifs plausibles, rompt le contrat d'œuvre d'art ou de science, doit rembourser au locateur la perte qu'il éprouve et le gain dont il est privé.

Le même principe s'applique en faveur du maître si la rupture provient du locateur.

F. — Si la mort du locateur survient au cours du contrat, le contrat est rompu, pour ce qui en reste à faire, entre le locateur défunt et le maître.

Si l'œuvre vient à périr par cas fortuit ou force majeure, le contrat est rompu entre la partie qui le demande et l'autre partie.

Le prix dû au locateur est établi en proportion de l'avancement de l'œuvre et conformément aux usages.

G. — Le locateur d'art ou de science conserve, à défaut de convention expresse, la propriété intellectuelle de l'œuvre qu'il a faite ou dirigée. Seul, il a le droit de la reproduire.

SECTION IV. — *Du contrat d'entreprise.*

1787. — Le contrat d'entreprise est la convention écrite ou verbale qui lie le maître qui fait exécuter un ouvrage avec l'entrepreneur chargé de l'exécution.

L'exécution par l'entrepreneur consiste à mettre en œuvre, pour la réalisation d'un projet, par des ouvriers ou par des sous-traitants à sa solde dont il a seul la direction matérielle, des matériaux fournis ou non par lui, le tout conformément aux règles de l'art. Elle a lieu avec ou sans la direction intellectuelle d un tiers ou du maître lui-même.

1788. — Le contrat d'entreprise est présumé complet entre les parties, il comprend tout ce qu'il était possible de prévoir au moment où il a pris naissance.

1789. — Si dans le cas où l'entrepreneur fournit la matière, la chose vient à périr de quelque manière que ce soit, avant d'être livrée, la perte est pour l'entrepreneur, à moins que le retard dans la livraison n'ait été le fait du maître.

Si l'entrepreneur fournit seulement son travail ou son industrie, il n'est tenu que de sa faute.

1790. — S'il s'agit d'un ouvrage dont la livraison peut se faire par parties, la réception peut également être partielle.

La livraison ou la réception sont censées faites pour toutes les parties payées ou dont le montant a été arrêté d'accord entre le maître et l'entrepreneur ou dont le maître a pris possession.

L'allocation d'acomptes ne peut être invoquée comme un payement.

1791. — Numéro vacant.

1792. — Les entrepreneurs sont responsables envers le maître, s'il n'y a convention contraire, des ouvrages qu'ils ont exécutés, et des conséquences de leur exécution défectueuse, sans solidarité entre eux ni avec quiconque.

Par exception, lorsqu'il s'agit d'une construction, la responsabilité s'étend sur tous les ouvrages jusqu'à la réception. Elle s'applique si l'édifice vient à périr en tout ou en partie, même par le vice du sol, et s'éteint au bout de dix ans.

Si l'ouvrage a reçu une direction intellectuelle, les entrepreneurs ne sont pas moins tenus de leurs fautes professionnelles concernant l'exécution.

La preuve incombe au demandeur.

1793. — Les prix convenus par un contrat d'entreprise ne peuvent subir de modifications, en dehors du cas fortuit ou de la force majeure, sous prétexte de variation dans les prix de la main d'œuvre et des matériaux.

Les dérogations au marché à forfait ordonnées ou acceptées, sont réglées pour les travaux faits ou non faits, proportionnellement aux prix qui résultent des prévisions du marché.

1794. — Les articles E et F de la section III sont applicables aux entrepreneurs.

1796. — Dans les cas prévus par l'article F, les comptes respectifs entre le maître et les entrepreneurs sont arrêtés au jour de l'événement, pour ce qui en a été exécuté, préparé, ou approvisionné dans des conditions normales.

1797. — L'entrepreneur répond du fait des personnes qu'il emploie.

1798. — Les ouvriers employés directement à la construction d'un ouvrage sont entrepreneurs dans la partie qu'ils traitent et assujettis aux règles de la présente section.

1799. — Les tâcherons et autres ouvriers qui ont été employés par l'entrepreneur à l'exécution d'un ouvrage, n'ont d'action contre le maître que jusqu'à concurrence de ce dont celui-ci se trouve débiteur envers l'entrepreneur au moment où leur action est intentée.

La Commission générale des architectes a pensé qu'il était utile de rapprocher des articles précédents l'article 2270 qui appartient au TITRE XX DE LA PRESCRIPTION. Elle en propose la rédaction suivante.

2270. — Le délai de l'action en garantie concernant les gros ouvrages dirigés par l'architecte ou construits par les entrepreneurs se confond avec le délai de garantie. Il est de dix ans après la réception ou l'achèvement de chacun des gros ouvrages constaté par tous moyens de droit.

TITRE XVIII. — **Des privilèges et hypothèques.**

CHAPITRE I. — *Dispositions générales.*

SECTION II. — *Dès privilèges sur les immeubles.*

Art. 2103 et 2110.

La Commission générale des architectes propose de supprimer dans ces articles le vocable « architectes ».

Les architectes et ingénieurs jouiront du droit commun pour leurs créances qu'ils garantiront comme ils aviseront bien.

Délibéré et arrêté en séance plénière à Paris, au siège de l'hôtel des Sociétés savantes, 8, rue Danton, par les membres de la COMMISSION GÉNÉRALE DES ARCHITECTES.

L. ETIENNE, G. OLIVE. — FERNOUX ET VAUTRIN. — L. LEFORT ET A. GOUAULT. — C. BATTEUR. — HENRI LIMAL. — CHASTEL ET GUET.

Le 26 mai 1906.

Le Rapporteur :
A. GOUAULT,
Membre de l'Association provinciale
et de la Société centrale.

Par décision du même jour :

La Commission délègue auprès de la Commission extraparlementaire de la Revision du Code civil, aux fins du vœu du 24 juin 1905 rapporté page 7 : MM. Lucien ÉTIENNE, A. GOUAULT, HENRI LIMAL et C. BATTEUR.

Pour la Commission générale des Architectes :

Le Secrétaire,
G. OLIVE.

Le Président,
L. ÉTIENNE.

Vu :

*Le Président du 33ᵉ Congrès
des architectes français,*
H.-P. NÉNOT,
Membre de l'Institut.

TABLE DES MATIÈRES

Imp. J. Dumoulin, à Paris.

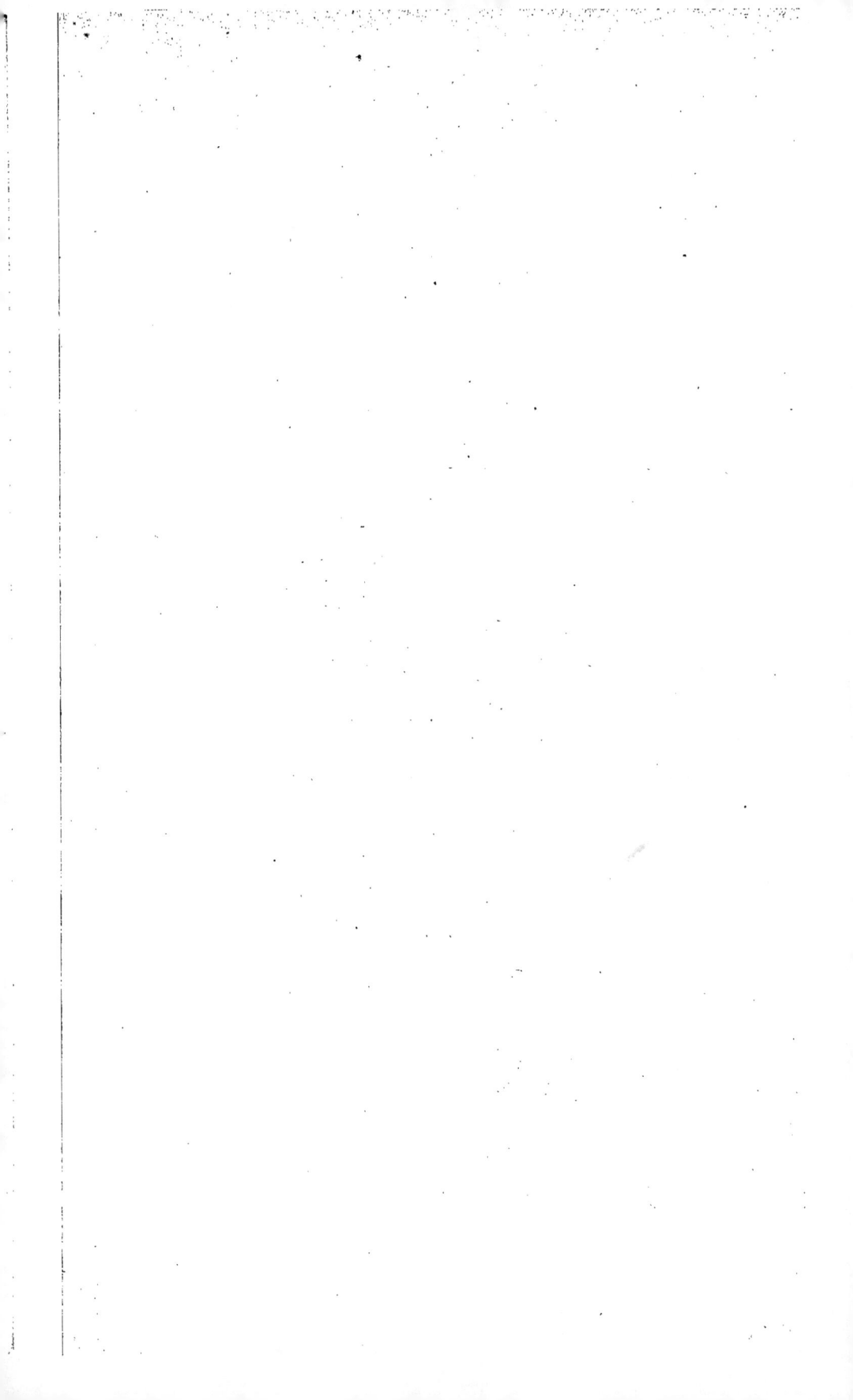

www.ingramcontent.com/pod-product-compliance
Lightning Source LLC
Chambersburg PA
CBHW070919210326
41521CB00010B/2243